Riesen, Geister
und Kobolde

Für Aidan und John-Michael
J.M.

Für Laura
G.M.

ISBN 3-8251-7312-7

Erschienen 2001 im Verlag Urachhaus
Zuerst erschienen unter dem Titel »Giants, Ghosts and Goblins«
bei Barefoot Books, Bristol
© 2001 Verlag Freies Geistesleben & Urachhaus GmbH, Stuttgart
Text © 1999 John Matthews
Illustrationen © 1999 Giovanni Manna

Riesen, Geister und Kobolde

Märchen aus aller Welt

Nacherzählt von John Matthews

Illustriert von Giovanni Manna

Aus dem Englischen von Julia D. Cremer

URACHHAUS

Inhalt

Inhalt

Vorwort

In den Volksmärchen und Mythen der ganzen Welt begegnet der Held häufig Riesen, Geistern oder Kobolden, wenn er eine gefährliche Probe zu bestehen hat.

Diese Herausforderer haben jeweils ihre besonderen Eigenheiten. Riesen sind mitunter komisch, manchmal auch schreckhaft, wie der in der Geschichte »Oona und der Riese«, oder einfach bloß grässlich, wie »Der Riese, der sein Herz nicht bei sich trug«. Geister können, abgesehen davon, dass sie gemeinhin als Furcht erregend gelten, hilfreich sein, wie bei den chinesischen »Trinkgefährten«, oder sogar ein wenig traurig, wie »Der Geist mit den zwei Gesichtern« aus der Cheyenne-Erzählung, der sich in ein Menschenkind verliebt. Kobolde sind fast immer garstig, grausam und schlau; – obwohl, in dieser Sammlung begegnen wir in dem Märchen von »Kobold, Kaufmann und Student« einem, der wirklich sehr liebenswert ist und sich viel mehr aus den wesentlichen Dingen des Lebens macht als der Kaufmann. Und selbst der grimmigen, furchtbaren Bunyip aus Australien muß man zugestehen, dass ihr Verhalten durchaus gerechtfertigt ist, mit dem sie die faulen Männer bestraft.

Das Bemerkenswerteste an Riesen, Geistern und Kobolden aber ist, dass sie stets eine Situation in Bewegung bringen. Ohne sie gäbe es in diesen Geschichten keine Abenteuer. Sie zwingen die Helden und Heldinnen, über sich selbst hinauszuwachsen und etwas Neues zu lernen, und das lässt uns Gefallen finden an den Volksmärchen, macht sie zeitlos und auch für unser Leben bedeutsam.

Wie immer bei einer solchen Sammlung bestand die Hauptschwierigkeit für mich als Herausgeber darin, die Auswahl zu treffen. Schließlich entschied ich mich dazu, aus möglichst vielen Gegenden der Erde Geschichten nachzuerzählen, die ich schon immer gern gemocht hatte. Dabei verhehle ich nicht, daß »Klein-Oonyani« und »Ein-Mann-unter-Männern« zu meinen persönlichen Favoriten gehören: »Klein-Oonyani«, weil es mir die

surrealistischsten und magischsten Aspekte des Volksmärchens zu verkörpern scheint; »Ein-Mann-unter-Männern«, weil es viel über solche Menschen aussagt, die gern mit ihrer Kraft oder anderen Fähigkeiten prahlen, selten aber die Ansprüche ihrer rühmlichen Selbsteinschätzung wirklich erfüllen.

Weitere Priorität hatten für mich Geschichten, die zeigen, wie unterschiedlich in den einzelnen Völkern die Beziehung zu Riesen, Geistern und Kobolden ist. So haben die Iren und Schotten eine wunderbar beiläufige, ganz natürliche Art mit Riesen und Kobolden umzugehen, als könnte man ihnen täglich begegnen – was ja vielleicht auch stimmt! Die Eingeborenen Amerikas und die Aborigines Australiens hingegen haben ein gespannteres Verhältnis zu solchen Wesen und erfahren sie als auf ihre Weise schlau und verderblich. In China werden, wie »Die Trinkgefährten« zeigen, Geister als Boten guten wie bösen Schicksals empfunden. Der östliche Glaube an die fortdauernde Macht der Ahnen trägt hierzu bei und bietet somit die Grundlage für eine wunderbare Erzählung über Treue und jahrelange Freundschaft. Die skandinavischen Märchen »Der Riese, der sein Herz nicht bei sich trug« und »Kobold, Kaufmann und Student« spiegeln einen machtvollen und zuweilen dunklen Aspekt dieser Gegenden, deren Volksdichtung deutlich ihre Ursprünge in den alten nordischen Göttersagen hat.

Wer eine solche Sammlung erstellt, findet seinen Lohn unter anderem darin, dass er sehen darf, wie die Geschichten durch reizvolle Illustrationen zum Leben erweckt werden. Ich möchte Giovanni Manna hier meine Hochachtung aussprechen, der malend den Geist dieser Erzählungen in wahrhaft zauberischer Weise einzufangen vermochte, und hoffe, dass jeder, der je über Riesen und Kobolde rätselte oder den Schauder einer Gespenstergeschichte erlebte, an dieser neuen Geschichtensammlung ebenso viel Freude finden wird, wie ich an deren Entstehen hatte.

John Matthews
Oxford

Der Riese, der sein Herz nicht bei sich trug

Aus Norwegen

Es war einmal ein König, der hatte sieben Söhne, die er von Herzen liebte. Ja, er hatte sie so lieb, dass er immerzu wenigstens einen von ihnen in seiner Nähe haben wollte. Als sie dann zu stattlichen jungen Männern herangewachsen waren und auf Brautschau ausreiten wollten, erlaubte er allen fortzugehen, nur einem nicht – dem jüngsten, der hieß Askeladden (Aschenbursche).

Der König hätte es nicht ertragen, ganz ohne einen Sohn zu bleiben; deshalb behielt er Askeladden zu Hause und ließ sich von den älteren Prinzen versprechen, dass sie ihrem jüngsten Bruder eine Braut mitbrächten.

Die sechs Prinzen durchforschten alle benachbarten Königreiche, bis sie einen König fanden, der sechs Töchter hatte – jede so schön wie der helle Tag. Und die sechs Königssöhne freiten um die sechs Königstöchter und gewannen sie. Dann traten sie den Heimweg an und hatten

völlig vergessen, eine siebte Königstochter für ihren jüngsten Bruder mitzubringen.

Unterwegs kamen sie an einem großen, finsteren Schloss vorbei. Darin hauste ein furchtbarer Riese, der just in diesem Augenblick aus dem Fenster sah. Voller Zorn, dass jemand es wagte, seine Ländereien zu durchqueren, bannte der Riese alle sechs Prinzen und alle sechs Prinzessinnen in Stein. Da standen sie nun.

Die Zeit verging, und der König sorgte sich immer mehr über das Ausbleiben seiner Söhne. »Gott sei Dank habe ich dich nicht auch gehen lassen«, sagte er zu Askeladden.

»Seltsam«, antwortete der Prinz, »gerade habe ich gedacht, dass ich meine Brüder suchen gehen will.«

»Nein, nein, nein!«, rief der König. »Dann verliere ich dich auch noch!« Doch Askeladden beharrte auf seinem Entschluss und bettelte so lange, bis der König nachgab. Da dieser jedoch all seine Schätze aufgewendet hatte, um seine Söhne mit prächtigen Kleidern und glänzenden Rossen auszustatten, konnte er seinem jüngsten Kind nichts mehr geben als nur ein ärmliches Gewand und ein altersschwaches Pferd. Askeladden machte sich nichts daraus. »Seid unbesorgt, Vater«, sagte er beim Abschied, »ich kehre wieder, und wer weiß, vielleicht bringe ich meine Brüder auch mit zurück.«

So machte sich Askeladden auf den Weg und war noch nicht weit gegangen, da sah er auf der Straße einen Raben liegen, der konnte sich vor Hunger nicht mehr rühren. Als der den Prinzen erblickte, rief er ihm zu: »Bitte, schenk' mir einen Bissen Brot. Tust du das, so will auch ich dir helfen aus höchster Not.«

»Ich wüsste nicht wie«, sagte Askeladden, »doch von meinem Brot sollst du gern etwas bekommen.«

Askeladden ging weiter und kam kurz darauf an einen Fluss. Am Ufer war ein riesiger Lachs gestrandet. Als der den Prinzen sah, rief er ihm

zu: »Bitte, hilf mir ins Wasser zurück. Tust du's, so verspreche ich dir meine Hilfe, wenn du sie am nötigsten brauchst.«

»Ich wüsste nicht wie«, meinte Askeladden, »doch helfen will ich dir.«

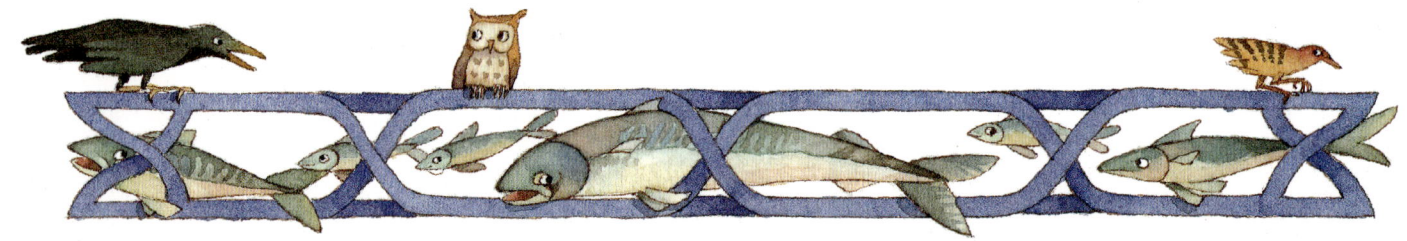

Und er nahm den Fisch und warf ihn zurück in den Fluss. Dann ging er weiter seines Wegs.

Tage- und wochenlang ritt Askeladden ohne das kleinste Anzeichen von seinen Brüdern. Schließlich brach seine klapprige Mähre tot unter ihm zusammen. Als er noch am Wegrand stand und überlegte, wie er wohl weiterkommen solle, kam ein Wolf auf ihn zugeschlichen, der sah aus, als könne ein Windhauch ihn fortblasen, so schwach und dünn war er.

»Bitte, überlass mir dein Pferd. Ich habe schon ein Jahr lang nichts mehr gegessen und sterbe vor Hunger. Tust du mir diesen Gefallen, dann helfe ich dir, deine Brüder zu finden.«

»Ich wüsste nicht wie«, erwiderte Askeladden, »doch bedien' dich ruhig und friss, was mein armes, altes Ross noch an Fleisch hergibt.« So machte der Wolf sich darüber her, und als er fertig gefressen hatte, war er so gekräftigt, dass er Askeladden anbot, ihn zu tragen. Askeladden legte ihm den Sattel auf den Rücken und die Kandare ins Maul, und schon stoben sie davon, viel geschwinder, als das arme, alte Ross je gelaufen war. Schon bald kamen sie zum Schloss des Riesen, und Askeladden sah die zwölf steinernen Brocken am Wegrand stehen. »Das sind deine Brüder und die sechs Prinzessinnen, die sie heimführen wollten«, sprach der Wolf. »Willst du sie erlösen, so musst du ins Schloss gehen und dem Riesen die Stirn bieten.«

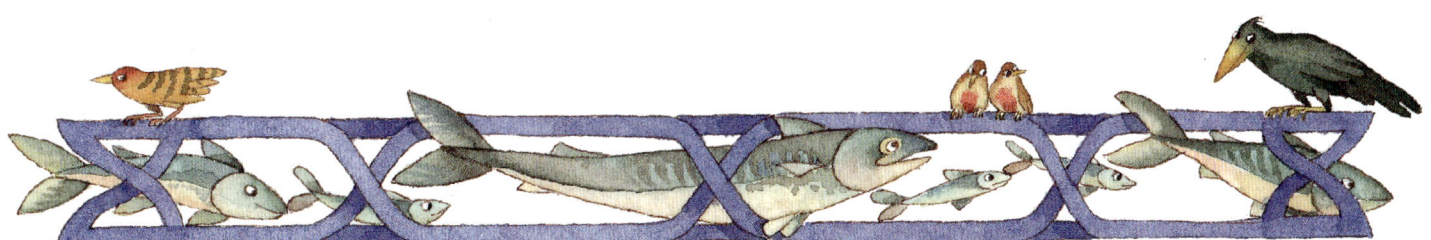

»Aber wird er mich nicht töten?«, fragte Askeladden.

»Vielleicht«, erwiderte der Wolf, »doch gibt es im Schloss noch eine Königstochter. Sie kennt den Riesen mit all seinen Eigenarten und wird dir helfen.«

So ging Askeladden zum Schloss und klopfte ans Tor. Ein Mädchen öffnete, das war so schön, wie er noch keines gesehen hatte. »Geh schnell fort«, rief es, »dieses Schloss gehört einem Riesen. Wenn der heimkommt und dich hier findet, tötet er dich gewiss.«

»Die Steine da draußen sind meine verwunschenen Brüder«, wandte Askeladden ein. »Bin ich nun einmal hier, so muss ich alles dransetzen, sie zu retten.« Und dann fügte er hinzu: »Vielleicht kann ich ja auch dich erlösen.«

Die Prinzessin errötete. »Gut, tun wir unser Bestes! Versteck dich unterm Bett und gib gut Acht auf alles, was du hörst!«

Kaum hatte Askeladden sich versteckt, kam auch schon der Riese nach Hause. Er schnüffelte und brüllte: »Hier riecht's nach Menschenfleisch!«

»O, heute Nachmittag flog eine Elster übers Schloss und ließ einen Menschenknochen in den Kamin fallen. Ich habe ihn sofort hinausgeworfen, doch es braucht Zeit, bis der Geruch verfliegt.«

Der Riese sagte nichts mehr, und bald war Schlafenszeit. Die Königstochter legte sich neben den Riesen. Nach einer Weile sprach sie: »Etwas wollte ich dich immer schon fragen, aber ich trau' mich nicht.«

»Was denn?«, fragte der Riese.

»Du trägst doch dein Herz nicht bei dir«, sagte die Prinzessin. »Und da habe ich darüber nachgedacht, wo du es wohl aufbewahrst.«

»Ach, das geht dich nichts an«, antwortete der Riese. »Aber wenn du es unbedingt wissen musst, es liegt draußen unter der Türschwelle.«

»Aha!«, dachte Askeladden, der natürlich immer noch unter dem Bett hockte. »Jetzt weiß ich, was zu tun ist.«

Am andern Morgen ging der Riese auf die Jagd. Sobald er außer Sicht-

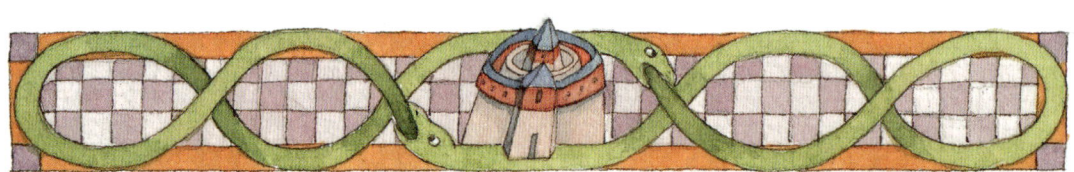

weite war, gruben Askeladden und die Prinzessin draußen unter der Türschwelle nach dem Herzen. Unermüdlich gruben sie, bis sie zuletzt doch einsehen mussten, dass der Riese gelogen hatte.

»Du musst dich heute Nacht wohl wieder unter dem Bett verstecken«, meinte die Prinzessin. »Er wird mich nicht noch einmal zum Narren halten.« Dann pflückte sie die schönsten Blumen, die sie finden konnte, und streute sie über die Türschwelle.

Bald kehrte der Riese zurück. »Hier riecht's ja immer noch nach Menschenfleisch«, sagte er voller Misstrauen.

»O, diese Elster kam wieder vorbei und ließ noch einen Menschenknochen durch den Kamin fallen«, antwortete die Prinzessin. »Ich warf ihn so schnell wie möglich hinaus, aber der Geruch hält sich.«

Eine Weile schwieg der Riese, aber dann fragte er doch nach, wer die Blumen auf die Schwelle gestreut habe.

»Ich war das«, sagte die Prinzessin. »Da ich nun weiß, dass dein Herz darunter liegt, wollte ich sie gern schmücken.«

»Die Mühe hättest du dir sparen können. Mein Herz ist gar nicht dort!«

»O«, sagte die Prinzessin, und später, als sie nebeneinander lagen – und Askeladden schon längst wieder unterm Bett hockte – fragte sie: »Wenn dein Herz nicht unter der Schwelle liegt, wo ist es denn dann?«

»Da oben im Wandschrank. Jetzt hör' auf zu fragen und schlaf'!«, brummte der Riese.

Am nächsten Tag, als der Riese wieder auf Nahrungssuche aus war, suchten Askeladden und die Prinzessin im Schrank nach dem Herzen. Wieder fanden sie nichts.

»Nun, da müssen wir es eben noch einmal versuchen«, erklärte die Prinzessin. Dann flocht sie Girlanden und behängte damit den Schrank.

Als der Riese heimkehrte, schnüffelte er und beschwerte sich lautstark, es röche im Haus immer noch grässlich nach Menschenfleisch.

»Das tut mir leid«, bedauerte die Prinzessin, »aber die Elster kam noch

einmal und ließ wieder einen Menschenknochen durch den Kamin fallen. Ich tat mein Bestes, um den Geruch loszuwerden, aber der lässt sich nicht so schnell vertreiben.«

»Hm!«, sagte der Riese. »Und warum hängen da überall Girlanden an meinem Schrank?«

»Ach, da dein Herz darin liegt, wollte ich ihn schmücken, so schön ich konnte.«

»Das hättest du dir sparen können; mein Herz ist gar nicht darin. Wo es ist, errätst du nie.«

»O Lieber«, bat die Prinzessin. »Ich wäre ja so glücklich, wenn ich wüsste, wo es ist.«

»Nun gut«, begann der Riese zögernd. »Da du in letzter Zeit so freundlich zu mir warst, will ich es dir erzählen. Weit, weit von hier liegt eine Insel. Auf der Insel steht ein Turm, und in dem Turm ist ein Brunnen. In dem Brunnen schwimmt eine Ente. Im Bauch der Ente ist ein Ei, und in diesem Ei ist mein Herz. Du siehst, auch wenn du dich noch so sehr mühtest, du kämest doch nie dorthin.«

Unter dem Bett biss Askeladden die Zähne zusammen. »Wie soll ich da das Riesenherz finden?«

Früh am nächsten Morgen verließ der Riese wieder das Schloss, um sich Nahrung zu suchen. Als er fort war, nahm Askeladden von der Königstochter Abschied. »Ich wünschte bloß, ich wüsste, wohin ich gehen muss«, sagte er. »Doch versuchen muss ich es auf jeden Fall.«

Vor dem Schloss wartete der Wolf schon auf ihn. Als der vom Herzen des Riesen hörte, sagte er: »Ich weiß den Weg. Spring auf meinen Rücken; ich bringe dich hin.«

Sie stoben davon, schneller als der Wind, und doch brauchten sie drei Tage, bis sie den See erreichten. Askeladden stand am Ufer und schaute zur Insel. »Wie ich da wohl hinüberkomme?«, rätselte er.

»Ich bringe dich hin«, sprach der Wolf, »nur Mut!«, und er schwamm mit dem Prinzen auf dem Rücken zu der Insel.

Dort, in der Mitte, stand der Turm. Der hatte eine Tür, und der Schlüs-

sel hing an der Mauer, aber viel zu hoch, als dass er ihn hätte erreichen können.

»Was mache ich nun?«, fragte der Prinz.

»Ruf' den Raben!«, antwortete der Wolf.

Askeladden tat's, und im Nu landete der Rabe mit zerzausten Federn vor seinen Füßen. Der Prinz erzählte ihm seine Not, und sogleich flog der Vogel hinauf und holte den Schlüssel. Askeladden betrat den Turm, und richtig, da war der Brunnen mit der Ente, wie es der Riese gesagt hatte.

Askeladden griff hinein und packte die Ente; doch die ließ vor Schreck ihr Ei fallen, und es versank im dunklen Brunnenwasser.

Askeladden war ratlos: »Was mach' ich nun?«

»Ruf' den Lachs!«, sagte der Wolf.

Askeladden tat's, und kurz darauf erschien der Lachs an der Oberfläche des Brunnenwassers.

Der Prinz erzählte ihm seine Not, und sofort tauchte der Lachs hinab und kehrte mit dem Ei zurück. »Nun drücke das Ei zusammen«, befahl der Wolf.

Askeladden drückte, und obwohl sie Hunderte von Kilometern entfernt waren, hörten sie den Riesen brüllen. Askeladden hielt das Ei gut fest, sprang dem Wolf auf den Rücken, und davon stoben sie, schneller als der Wind. Bald schon waren sie wieder beim Schloss des Riesen; dort drückte Askeladden das Ei noch fester.

Mit einem grauenvollen Schrei kam der Riese aus dem Schloss gestürzt. Er fiel dem Prinzen zu Füßen und bat um Gnade. »Verwandle meine

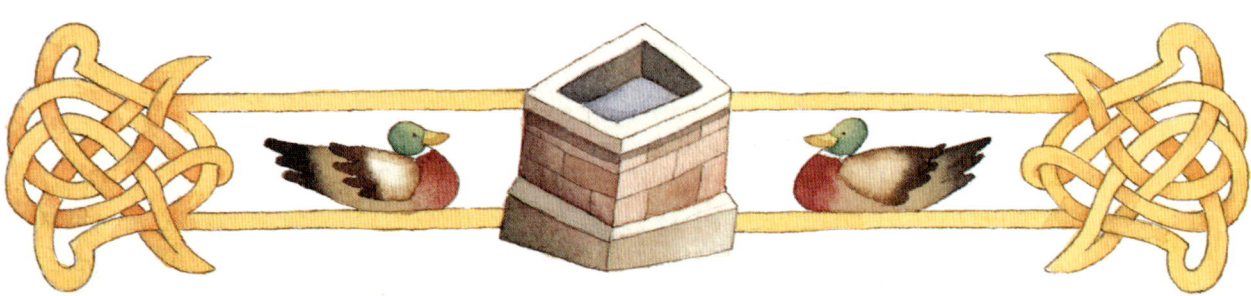

Brüder und ihre Bräute aus dem Stein zurück«, forderte Askeladden. Dazu war der Riese sogleich bereit, und im nächsten Moment standen die sechs Prinzen und die sechs Prinzessinnen blinzelnd im Sonnenlicht.

»Jetzt zerdrücke das Ei ganz«, wisperte der Wolf.

Askeladden presste das Ei, bis es ganz flach war, und der Riese fiel zu Boden und zerbarst in tausend Stücke.

Danach erging es allen gut: Askeladden und seine Brüder kehrten mit den sechs Prinzessinnen und natürlich der Königstochter vom Riesenschloss gemeinsam nach Hause zurück und hielten Hochzeit. Askeladden belohnte den Wolf, den Raben und den Lachs, indem er sie einlud, ihn jederzeit zu besuchen und sich rundherum satt zu fressen. Der König war hocherfreut, seine Söhne wieder um sich zu haben, und gab den Ehrenplatz am oberen Ende der Tafel Askeladden und seiner Braut. Dann feierten sie ein großes Fest, und wenn's noch nicht zu Ende ist, so feiern sie heute noch.

19

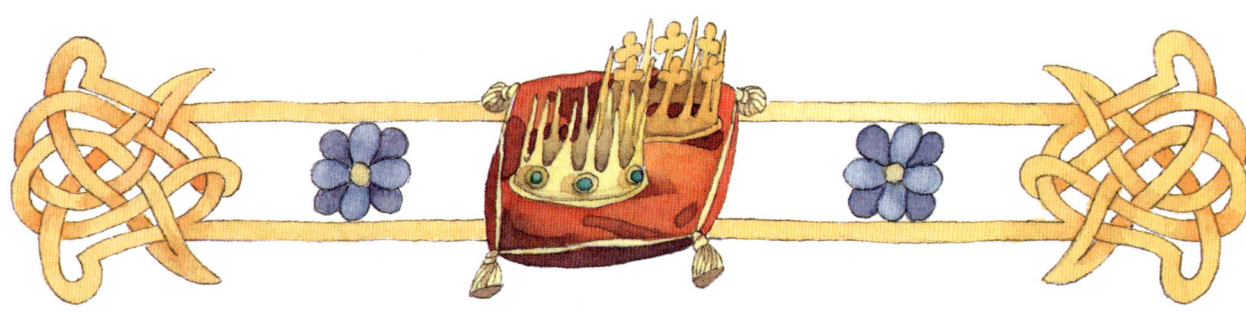

Der Geist,
mit den zwei Gesichtern

Von den Cheyenne aus Nordamerika

Es war einmal ein Geist, der war sehr groß. Er hatte lange Arme und noch längere Beine. Doch das Seltsamste an ihm war, dass er zwei Gesichter hatte, eines, das zurückschaute, und eins, das blickte nach vorn. Abgesehen davon war er aber kein schrecklicher oder böser Geist. Im Gegenteil, er war eigentlich recht nett – für einen Geist.

Eines Tages beschloss der Geist zu heiraten; und so machte er sich auf die Suche nach einer Frau. Er durchstreifte die ganze Gegend, fand aber kein Mädchen, dass ihn heiraten wollte – kein Wunder, schließlich war er ein Geist. Trotzdem hielt er weiter Ausschau, und eines Tages entdeckte er ein Zelt, einsam inmitten der Prärie.

Der Geist verbarg sich hinter einem Hügel und gab Obacht: drei Menschen lebten in dem Zelt, ein Mann, eine Frau und ihre wunderschöne Tochter. Als der Geist die sah, verliebte er sich augenblicklich in sie und wollte sie natürlich heiraten. Doch mittlerweile wusste er, dass die Leute schreiend davonliefen, sobald er erschien.

Deshalb gab er sich nicht gleich zu erkennen, sondern ging den ganzen Tag jagen, bis er reiche Beute hatte. Die nahm er mit und legte sie draußen vor den Eingang des Zeltes.

Am andern Morgen fand die Familie dort das Fleisch – viel mehr als sie je selbst aufessen konnte. Am nächsten Tag geschah das Gleiche und am darauf folgenden auch.

»Ich muss herausfinden, wer das tut«, sagte der Vater.

An diesem Abend hob er neben dem Zelt eine Grube aus und versteckte sich darin. Bald sah er den Geist kommen, weit ausschreitend über die Erde mit seinen großen, langen Beinen und seinen zwei Gesichtern. Er hielt neben dem Zelt an, legte die frische Ladung Wildbret ab und rannte geschwind davon.

Zitternd vor Angst kroch der Mann aus seinem Loch und berichtete Frau und Tochter, was er gesehen hatte.

»Wir müssen von hier fort, ehe das Monster wiederkommt«, sagte seine Frau.

So packten sie ihr Zelt zusammen und eilten fort, so schnell sie nur konnten.

Am nächsten Morgen, als der Geist mit seinen Gaben kam, sah er, dass sie verschwunden waren. Er setzte ihnen nach und hatte sie natürlich bald erspäht mit seinen vier Augen und rasch eingeholt mit den langen Beinen.

»Halt! Wartet doch!«, rief er, »ich will euch nichts Böses! Lasst uns doch zusammensitzen und reden.«

Was blieb der Familie übrig, als anzuhalten und sich mit dem Geist zum Gespräch niederzulassen, obwohl ihnen die Glieder schlotterten aus Furcht vor seinen zwei Gesichtern.

»Es war sehr freundlich von dir, uns all das Fleisch zu bringen«, sagte der Vater.

»Nun wisst«, gestand der Geist, »ich liebe eure Tochter und möchte sie gerne heiraten.«

Der Mann sah seine Frau an, die Frau ihren Mann, und beide blickten fragend auf ihre Tochter. Alle drei wussten, dass diese nichts in der Welt dazu bewegen würde, den Geist zu heiraten – welche Frau will denn schon einen Ehemann, der dreimal so groß ist wie sie und zwei Gesichter hat? Doch der Mann war listig. Er lächelte dem Geist zu.

»Welch ein ehrenvoller Antrag!«, sagte er. »Wir konnten schon sehen,

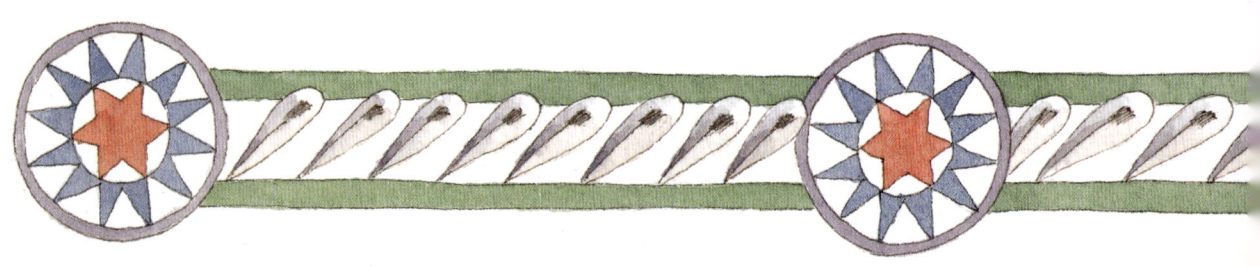

welch großer Jäger du bist, und dazu noch so freundlich. Ich wüsste keinen, dem ich meine Tochter lieber gäbe. Und dir ist gewiss unser Volksbrauch in einem solchen Fall bekannt.«

»Welcher Brauch?«, fragte der Geist.

»Wir spielen immer Such-den-Pflaumenkern. Gewinnt der Freier, darf er das Mädchen heiraten; wenn nicht, macht er uns ein Geschenk.«

»Davon habe ich noch nie gehört«, erwiderte der Geist zweifelnd.

»O, den pflegen wir schon seit Anfang der Zeiten«, erwiderte der Mann. »Täten wir es nicht, würde uns allen Schreckliches passieren.«

»Dann spielen wir wohl besser«, räumte der Geist ein.

Allerdings wusste er nicht, dass der Vater des Mädchens der beste

Such-den-Pflaumenkern-Spieler der Welt war – immer unbesiegt, auch diesmal. In jeder Runde siegte er über den Geist, bot ihm großzügig sogar weitere Gelegenheiten, bis der Geist sich schließlich selbst geschlagen gab.

»Welche Gabe wünschst du dir?«, fragte er darauf traurig.

»Nun, könntest du uns nicht auch weiterhin Fleisch bringen, aber vielleicht nur jeden zweiten Tag?«

Der Geist hielt Wort. Jeden zweiten Tag, solange die Familie lebte, und sogar nachdem das Mädchen verheiratet war, brachte er ihnen zu essen. Doch ob er selbst jemals eine Frau fand oder nicht, das konnte ich nicht erfahren.

Bunyip

Aus Australien

Es war einmal eine Schar junger Jäger, die ging auf Nahrungssuche für ihre Familien. Die Burschen wollten zu der einzigen Wasserstelle, die es weit und breit in ihrer Gegend gab: Es war ein tiefer, dunkler Weiher, umgeben von Schilf und Binsen und voll schmackhafter Aale. Doch sie ließen sich Zeit dabei, machten unterwegs lieber manch ein Wettrennen und übten sich im Speerwerfen.

Als sie an die Wasserstelle kamen, wollten sie sich zunächst daran machen, einen Binsenkorb zu flechten und ein paar köstliche Sumpfbinsen-Wurzeln aus dem Schlamm auszugraben, als einer von ihnen plötzlich innehielt und rief: »Wozu tun wir das eigentlich? Das ist doch Arbeit für die Frauen! Lassen wir das bleiben und angeln lieber Aale!«

Alle stimmten ihm zu. Sie zogen ihre Fischleinen hervor und hielten Ausschau nach Ködern. Die meisten nahmen Würmer; doch einer von ihnen hatte ein Stück rohes Fleisch in seinem Lederranzen, und ohne jemandem etwas zu sagen, nahm er ein Fetzchen davon und hoffte auf einen fetteren Fang.

Geraume Zeit hockten sie alle in der Sonnenhitze, warfen ihre Leinen ins Wasser, ohne dass auch nur einer etwas fing; und als die Sonne immer tiefer sank, schien es schon, als müssten sie mit leeren Händen heimkehren und hätten nicht mal einen Korb voll Wurzeln als Ausflugsbeute.

Da spürte der Bursche mit dem Fleischköder, wie jemand anbiss. Eifrig wollte er die Leine einziehen, doch was er auch gefangen haben mochte, es war so schwer, dass es ihn fast ins Wasser zog. »Heda! Kommt mal helfen!«, rief er seine Freunde herbei. Da hielt einer den andern gefasst, und so zogen sie gemeinsam an der Leine.

Zum Vorschein kam das seltsamste Geschöpf der Welt, eine Mischung aus Kalb und Seehund, mit riesigen Augen und einem Fischschwanz.

Die Jäger umringten und beäugten die Kreatur und begannen zu zittern, denn sie wussten sogleich, wer das war: das Junge des schrecklichen Ungeheuers Bunyip, das angeblich in dieser Gegend lebte.

»Wirf es zurück ins Wasser, rasch!«, flüsterten sie. Doch der Bursche, der es an der Angel hatte, schüttelte den Kopf und erklärte: »Das ist der beste Fang, den ich je gemacht habe. Ich versprach meiner Liebsten Fleisch für mindestens drei Tage auf ihres Vaters Tisch. Da kommt das hier wie gerufen.«

In diesem Augenblick erdröhnte ein schauerliches Gebrüll. Aus dem Wasser hob sich Bunyip selbst, mit Hörnern, groß und glänzend, und riesigen, runden Telleraugen, aus denen sie die ruchlosen Räuber ihres Sprösslings zornig anstarrte.

Doch, trotz seiner Furcht war der Bursche fest entschlossen, seinen Fang zu behalten. Er hing sich das winselnde Junge über die Schulter und machte sich aus dem Staub, so schnell ihn seine Beine trugen, gefolgt von seinen Freunden.

Sie rannten und rannten, bis Bunyips Schreckensrufe verklangen. Da

wurden sie langsamer und belachten sogar untereinander ihr schlaues Entkommen.

Doch schon brauste es hinter ihnen auf. Sie wandten sich um und sahen eine tosende Wasserwoge herannahen. Kein Wölkchen stand am Himmel, und doch stieg das Wasser unaufhaltsam. Die jungen Männer schrien vor Angst und rannten, bis sie höher gelegenen Boden erreichten, von wo aus sich die weite Ebene mit dem Wasserloch überblicken ließ. Da sahen sie zu ihrem Entsetzen das Wasser immer weiter steigen und alles Land zwischen sich und Bunyips Loch überfluten.

Sie flohen weiter, so schnell sie nur konnten, und immer noch trug der Bursche seine kleine Bunyip auf dem Rücken.

Endlich erreichten sie das Lager, in dem sie lebten, stürzten in die Runde ihrer überraschten Familien und stießen nur keuchend hervor: »Das Wasser! Das Wasser!«

Alle richteten ihre Blicke nach Bunyips Loch und sahen das Wasser langsam auf sich zukommen. Da fasste der Bursch, der das Bunyip-

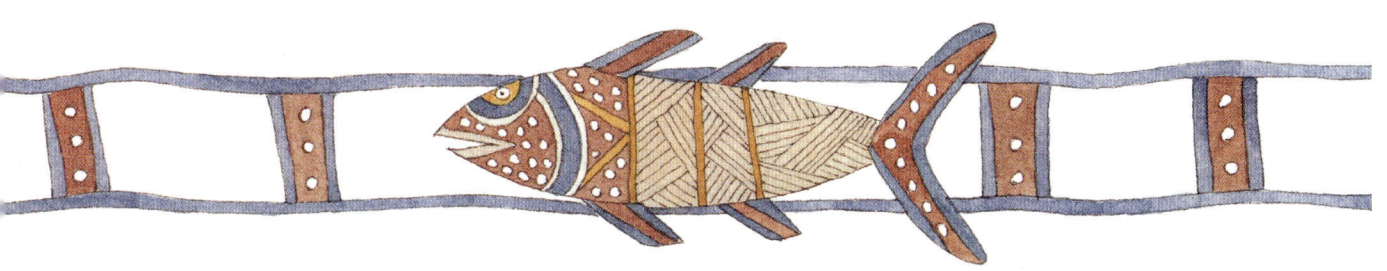

30

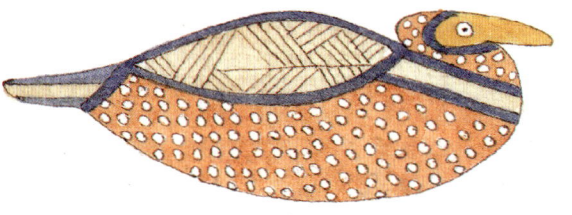

Junge gefangen hatte, seine Liebste beim Arm: »Komm schnell, wir steigen auf den Baum dort; da sind wir sicher.«

Aber noch während er sprach, bemerkte er ein seltsames Gefühl in den Füßen. Er schaute an sich hinab und sah sie in schuppige Vogelklauen verwandelt. Als er sich wieder seinem Mädchen zuwandte, sah er nur einen riesigen, schwarzen Vogel neben sich. Er hielt Ausschau nach seinen Freunden, erblickte aber nur noch mehr Vögel. Er schlug die Hände vors Gesicht, da waren es seine Hände nicht mehr, sondern die Spitzen schwarzer Schwungfedern. Er versuchte zu sprechen, konnte aber nichts als einen heiser zischenden Laut ausstoßen. Und seinem Blick ins Wasser begegnete nur das Spiegelbild eines großen, schwarzen Schwans – eines der vielen, die auf dem Wasser schaukelten. Im nächsten Moment kam Bunyip selbst, auf der Suche nach ihrem Jungen. Die Schwäne zischten und entfernten sich so weit wie möglich. Bunyip aber wartete, bis ihr das Junge auf den Rücken gerobbt war; dann schwamm sie mit einem letzten Aufbrüllen zurück zu ihrem Loch. Langsam wichen die Wasser – spurlos zuletzt, bis auf eine Schar schwarzer Schwäne, die mit den Flügeln schlugen und einander anzischten.

Es heißt, diese Leute hätten ihre Menschengestalt nie wiedererlangt, sondern seien ewig Schwäne geblieben; doch des Nachts könne man sie in einer fremden Sprache miteinander reden hören.

Bunyip aber sah keiner je wieder, obwohl das Gerücht geht, sie hause noch immer am Grunde ihres tiefen, dunklen Wasserlochs und hüte ihre Schätze. Doch nach denen zu suchen, getraut sich keiner.

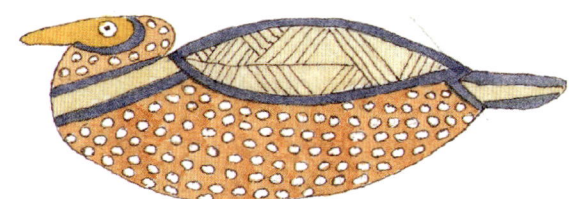

Oona und der Riese

Aus Irland

In uralten Zeiten wimmelte es in Irland von Riesen. Sie waren große Rivalen, und wo immer sie aufeinander trafen, verdroschen sie sich mit ihren Fäusten so lange, bis einer von ihnen aufgab oder das Weite suchte. Über eines aber waren sich alle einig: Cuchulainn war der mächtigste Riese. Er blieb unbesiegt und hatte selbst schon jeden anderen Riesen des Landes außer Gefecht gesetzt.

Nur mit einem hatte er noch nicht gekämpft: Fionn mac Cool. Das lag daran, dass Fionn die Fähigkeit besaß, alles sehen zu können, was sich auf der weiten Welt zutrug; er brauchte nur seinen linken Daumen in den Mund zu stecken und daran zu saugen – schon wusste er, was geschehen war, was gerade passierte und was noch kommen würde. Auf diese Weise vermied er es, mit Cuchulainn überhaupt erst zusammenzutreffen. Wenn er nämlich den Riesen kommen sah, lief er einfach davon und versteckte sich, bis Cuchulainn wieder weg war.

Das verdross Cuchulainn. Er wollte als der größte, stärkste und häss-

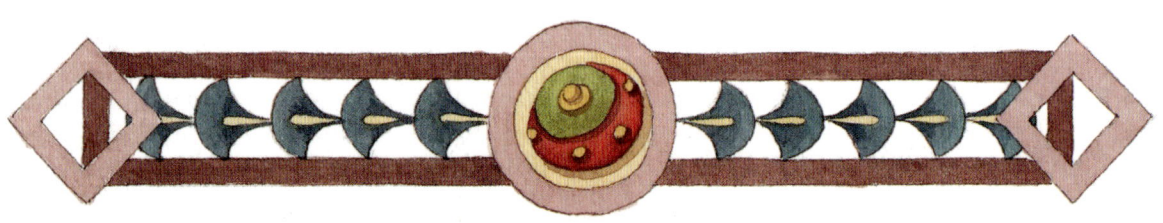

lichste Riese von ganz Irland gelten; solange er aber Fionn noch nicht besiegt hatte, bestand ja immerhin die Möglichkeit, nur als Möglichkeit, dass er doch geschlagen werden könnte.

Also machte sich Cuchulainn eines Tages auf nach dem Berg, wo Fionn lebte. Fionn hatte sein Haus hoch oben auf den Gipfel gebaut. Als Cuchulainn die steilen Klippen heraufgestiegen kam, schaute Fionn aus dem Fenster und sah ihn.

»O weh!«, rief er. »Da naht der schreckliche Cuchulainn! Diesmal werde ich ihm nicht entkommen können!«

Nun hatte Fionn aber eine Frau, die hieß Oona; die war ebenso klug wie freundlich und ebenso schön wie geschickt. »Wann wird er hier sein?«, fragte sie.

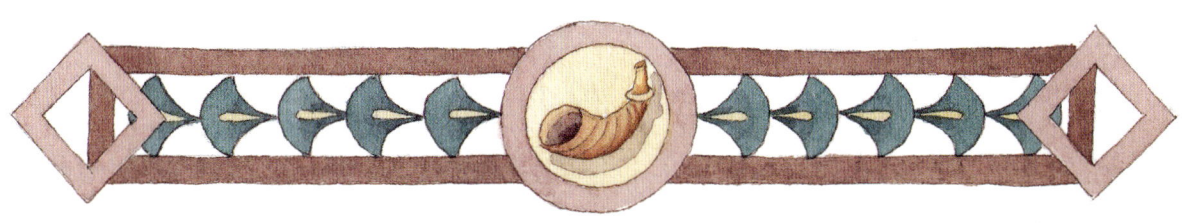

Fionn steckte den Daumen in den Mund. »Ungefähr wenn die Sonne am höchsten steht. Und er hat fest vor, mich plattzudrücken wie einen Kuhfladen. Was mache ich nur?«

»Still jetzt«, sagte Oona. »Tu, was ich dir sage, dann wird alles gutgehen.«

Auf der Stelle begann Oona, eine Fuhre gewaltiger Kuchen zu backen. Drei davon bereitete sie zu wie üblich, in die anderen drei aber buk sie große Steine ein. Als sie gar waren, verteilte sie sie auf zwei Regale

– die drei gewöhnlichen Kuchen auf das obere Brett, und die drei mit den Steinen aufs untere. Dann befahl sie Fionn, sich in eine Weidenkorbwiege zu legen, wickelte ihn in eine Decke und setzte ihm ein Spitzenmützchen auf den großen Kopf.

»Du bleibst einfach hier drin und tust, als seist du ein Kind«, sagte sie. »Da kannst du am Daumen nuckeln und weißt dann genau, was ich gerade denke, das du tun sollst. Sag mir nur noch eins: wo bewahrt der Riese seine Stärke?«

»Im Mittelfinger seiner rechten Hand. Wieso?«, sagte Fionn.

Oona nickte nur, setzte sich in ihren Schaukelstuhl und wartete auf Cuchulainn.

Als die Sonne am höchsten stand, pochte der Riese an die Tür.

Fionn zog sich die Decke über den Kopf und zitterte vor Angst, doch Oona riss die Tür auf.

»Ist dies das Haus von Fionn mac Cool?«, donnerte Cuchulainn.

»Ja, ganz recht; komm nur herein und setz dich«, antwortete Oona.
Da trat Cuchulainn herein, setzte sich in Fionns Stuhl und schaute sich
um.

»Ein hübsches Kind hast du da«, sagte er. »Ist denn vielleicht sein Vater
auch zufällig daheim?«

»Leider nicht«, sagte Oona. »Er sprach davon, dass er so ein kleines
Kerlchen namens Cuchulainn fangen gehe. Da bleibt er gewiss nicht
lange fort.«

»Ich bin Cuchulainn«, knurrte der Riese. »Seit Jahren versuche ich deinen Mann zu schnappen, aber es gelingt ihm immer wieder, mir zu
entwischen.«

»Ach, du bist Cuchulainn«, sagte Oona. »Na, dir bleibt immer noch Zeit, dich davonzumachen, ehe Fionn heimkommt.«

»Ich vor ihm davonlaufen?!«, schrie Cuchulainn. »Er ist's, der immer vor mir wegrennt!«

»O, da irrst du dich, glaube ich«, erwiderte Oona. »Hast du denn meinen Mann schon einmal gesehen? Er ist hart wie ein Felsklotz und geschwind wie der Wind.« Sie lächelte. »Ach, übrigens, könntest du das Haus umdrehen? Der Wind dreht gerade.«

»Das Haus herumdrehen?!«, wiederholte Cuchulainn verblüfft.

»Ja, das macht Fionn immer, wenn der Wind aus Osten bläst«, sagte Oona.

Cuchulainn ging hinaus, schüttelte einige Male den Kopf und schnippte dann dreimal den Mittelfinger der rechten Hand. Dann umfasste er das Haus und drehte es herum.

Drinnen klapperte Fionn vor Angst mit den Zähnen, doch Oona hieß ihn stille sein, und als Cuchulainn wieder eintrat, dankte sie ihm, als hätte er gerade die gewöhnlichste Sache der Welt verrichtet. Dann bat sie: »Das Wetter ist so trocken, und ich brauche immerzu Wasser. Könntest du mir nicht diesen Krug füllen gehen? Dann könnten wir Tee trinken, solange wir auf Fionns Heimkehr warten.«

»Wo soll ich denn hier Wasser herholen?«, fragte Cuchulainn.

Oona wies auf den nächsten Hügel. »Siehst du den Stein dort oben auf dem Hügel? Wenn wir Wasser brauchen, geht Fionn immer dahin, hebt den kleinen Felsen aus dem Boden und füllt den Krug an dem Bach, der darunter entspringt.«

Dienstbereit ging Cuchulainn hinaus und stieg auf den Hügel. Oben angelangt, sah er, dass der Stein dreimal so groß war wie er selbst, und wohl mehrere Tonnen schwer. Neunmal schnippte er den Mittelfinger seiner rechten Hand, dann schlang er die Arme um den Stein und hob ihn sauber aus dem Boden. Ein Bach stürzte hervor und brauste den Berghang hinab, und rasch hatte Cuchulainn den Krug gefüllt.

Oona kochte eine große Kanne Tee und bot Cuchulainn dazu einen der besonderen Kuchen mit Stein an. Der Riese nahm einen Bissen und heulte auf. Er spuckte einen großen Zahn aus.

»Was ist denn das für ein Kuchen?«, schrie er. »Der ist ja steinhart!«

»Das ist Fionns Lieblingskuchen«, sagte Oona. »Sogar das Kind liebt ihn. Vielleicht ist er für dich zu hart. Hier, versuch diesen mal, der ist etwas weicher.« Und sie gab ihm noch einen von den Steinkuchen.

Cuchulainn nahm einen großen Bissen und spuckte mit einem Schmerzensschrei gleich zwei Zähne aus.

»Still jetzt!«, mahnte Oona. »Du weckst ja das Kind.«

In dem Moment sog Fionn an seinem Daumen und wusste sogleich, was Oona von ihm wollte. Er stieß den lautesten Schrei aus, der je in

dieser Gegend Irlands gehört wurde. Cuchulainn sprang auf und hielt sich die Ohren zu.

»Meine Güte, hat das Kind aber kräftige Lungen«, staunte er.

»O, da solltest du mal seinen Vater hören«, erwiderte Oona. »Wenn der schreit, kannst du ihn noch in Afrika hören.«

Cuchulainn wurde es langsam unbehaglich. Je mehr er über Fionn mac Cool erfuhr, desto weniger mochte er auch nur dessen Namen hören. In dem Moment riss Fionn, der wieder am Daumen genuckelt hatte, den Mund weit auf und schrie aus Leibeskräften: »Kuchen!«

»Ja ja«, beruhigte ihn Oona und gab ihm einen Kuchen vom oberen Brett, »iss nur.« Cuchulainn beobachtete mit Grausen das Kind, wie es auch das letzte Krümchen des Kuchens verspeiste.

»Du kannst mich Liu-Lang nennen oder Sechstgeborener«, sagte er.
Am nächsten Abend trafen sie sich wieder und teilten auch wieder den
Wein miteinander. Und wie am vorigen Abend ging der junge Mann
ein Stück stromabwärts und schickte viele Fische dort hinauf, wo Hsu
saß und wartete.

Fast ein Jahr lang ging das so, und die beiden wurden gute Freunde.
Eines Abends aber war Liu-Lang ungewöhnlich still. »Ist etwas pas-
siert?«, fragte Hsu.

»Ich muss dir leider sagen, dass dies unser letzter gemeinsamer Abend
ist.«

»Warum denn das?«, fragte Hsu besorgt. »Bist du krank?«

Mehrmals hub der junge Mann an zu reden, schwieg dann aber doch.
Schließlich gestand er: »Versprich mir, keine Angst zu haben: schau, ich
bin ein Geist. Ich fiel in den Fluss, als ich betrunken war. Seither war ich
immer hier und musste warten, bis ich weiterziehen dürfe. Der Grund,
warum du immer mehr fingst als die andern, lag darin, dass ich dir

immer schon die Fische schickte, zum Dank für deine Trankopfer, die du mir spendetest. Jetzt ist es an der Zeit für mich, weiterzuziehen.«

Zunächst war Hsu schon sehr erschrocken. Doch dann gedachte er all der frohen Abende, die er mit Liu-Lang verbracht hatte, und die Furcht verging. »Eines verstehe ich nicht«, sagte er. »Warum musst du jetzt gehen?«

»Morgen werde ich ersetzt«, erklärte Liu-Lang. »Eine Frau wird ins Wasser fallen und ertrinken. Ihr Geist nimmt dann meinen Platz ein, und ich werde als jemand anderes wieder geboren.«

»Das ist doch gewiss ein Anlass zur Freude«, sagte Hsu. Und die beiden setzten sich Seite an Seite, um zum allerletzten Male eine Flasche Wein miteinander zu trinken.

Am nächsten Tag beschloss Hsu, sich am Fluss zu verstecken und den Vorgang zu beobachten. Bald kam eine Frau mit einem kleinen Kind auf dem Arm. Als sie den Fluss erreichte, glitt sie aus und fiel hinein. Es

gelang ihr noch, das Kind aufs Ufer zu schieben, sie selbst aber begann unterzugehen und schrie um Hilfe.

Hsu fiel es sehr schwer, ihr nicht zu Hilfe zu eilen, doch er erinnerte sich an Liu-Langs Worte und gab Acht, was geschehen würde.

Zuletzt gelang es der Frau doch, sich aus dem Wasser zu ziehen. Sie nahm ihr Kind auf und rannte fort. Hsu aber blieb zurück und dachte darüber nach, ob ihm sein alter Freund wohl die Wahrheit gesagt hatte.

Abends ging er wieder zu seinem gewohnten Angelplatz, und da fand er Liu-Lang.

»Das begreife ich nicht!«, sagte Hsu.

»Nun, siehst du«, erklärte Liu-Lang, »diese Frau sollte wohl meinen Platz einnehmen. Als ich aber sah, dass sie ein Kindchen hat, konnte ich das einfach nicht zulassen. Da stieß ich sie aus dem Wasser. Immerhin folgt daraus, dass wir uns jetzt noch ein bisschen länger hier treffen können.«

Hsu war sehr glücklich, als er das hörte, obwohl es ihm für seinen Freund leid tat. Wenige Tage später kam Liu-Lang ganz aufgeregt und berichtete, er dürfe trotzdem weiterziehen.

»Es scheint, die Götter haben es für eine gute Tat gehalten, dass ich die Frau leben ließ«, sagte er. »Deshalb soll ich, anstatt wieder geboren zu werden, eine Stadtgottheit werden in Wu in der Provinz Chuyuan. Komm mich dort besuchen! Stör' dich nicht an dem weiten Weg, sondern mach dich trotzdem auf.«

Nun war die Provinz Chuyuan wirklich viele hundert Meilen entfernt, doch Hsu war fest entschlossen, seinen alten Freund zu besuchen. Also ordnete er seine Angelegenheiten und machte sich auf den Weg, obwohl ihn jeder für verrückt hielt.

Lang dauerte seine Reise, doch endlich kam er in das Gebiet von Wu und nahm sich ein Zimmer im Gasthof am Ort. Dort fragte er nach dem Weg zum Tempel.

47

Da sagte der Wirt: »Ach, du heißt nicht vielleicht zufälligerweise Hsu?«
»Ja, warum?«, erwiderte Hsu überrascht. »Wie konntest du das wissen?«
Aber der Wirt war schon davongeeilt, und als er wiederkam, war er in
Begleitung sämtlicher Bewohner der Stadt.

Da staunte Hsu erst recht; doch die Leute erklärten ihm, sie hätten
wenige Nächte vorher alle den gleichen Traum gehabt, in dem ihre
Stadtgottheit ihnen mitteilte, ihr guter Freund Hsu käme angereist,
und sie alle sollten ihm seine Reise auf jede erdenkliche Art erleichtern.
Hsu ging zum Tempel und betete vor dem kleinen, seinem Freund ge-
weihten Schrein. »Kaum ein Tag verging, ohne dass ich nicht an dich
gedacht hätte«, sagte er. »Und jetzt bin ich hier, und du schickst mir
Menschen, die mich auf solch wundervolle Art willkommen heißen. Es
tut mir leid, dass ich kein gebührendes Geschenk mitbringe, doch wäre

ich glücklich, diese Flasche Wein mit dir zu teilen.« Damit stellte er die Flasche in den kleinen Schrein.

In jener Nacht träumte er von Liu-Lang, der ihm dafür dankte, dass er so weit gereist sei, um ihn zu besuchen. »Ich hoffe, wir werden uns eines Tages wieder begegnen«, sagte er. »Bis dahin aber wirst du, wenn du heimkommst, bemerken, dass sich deine Lage verbessert hat.«

Hsu blieb noch ein paar Tage im Gebiet von Wu. Beim Abschied empfing er von den Bewohnern zu Ehren ihres Gottes die mannigfaltigsten Gaben. Als er aufbrach, begleitete ihn auf den ersten Meilen ein leichter, feiner Wirbelwind. Da blieb Hsu stehen und sprach: »Mach dir nicht die Mühe, weiter mitzukommen, Liu-Lang. Du hast gewiss viel Gutes zu vollbringen für die dir anvertrauten Menschen. Lebe wohl!«

Der Wirbelwind blieb noch ein Weilchen um ihn, dann verschwand er. Hsu aber setzte seine weite Wanderung fort, und als er in sein altes Zuhause kam, erwiesen sich Liu-Langs Worte als wahr. Alles gelang ihm, und er lebte bald reich und behaglich. Seinen alten Freund vergaß er nie. Auch ging er fast jeden Abend hinaus zum Fluss und goss etwas Wein hinein für die Geister derer, die in seinen wilden Fluten ihr Leben gelassen hatten.

Kobold, Kaufmann und Student

Aus Dänemark

Es war einmal ein Kaufmann, der hatte in seinem Kellergeschoss einen Kobold wohnen. Der Kobold lebte dort, weil der Krämer ihm jedes Jahr zu Weihnachten ein Schüsselchen Rahm und etwas Kompott hinstellte. Kompott mit Sahne war seine Lieblingsspeise; und jeder weiß ja: gibst du einem Kobold, was er über alles liebt, so bleibt er immer dein Freund. Auf dem Dachboden oben im Kaufmannshaus lebte ein armer Student, der hatte nichts auf der Welt. Eines Tages ging er hinunter zum Krämer, um ein wenig Brot und Käse zu kaufen. Fast schon wieder draußen, bemerkte er zu seinem Erstaunen, dass der Käse in ein Papier eingewickelt war, das aus einem alten Buch gerissen war.

»Solch herrliche Dichtung! Wie könnt Ihr denn die nehmen, um Käse einzupacken?«

»Och, das!? Davon gibt's noch mehr«, warf der Krämer ein. »Eine alte Frau bezahlte Zucker und Mehl mit dem Buch.« Er rieb sich die Hände. »Für einen Groschen könnt Ihr's haben.«

Der Student zögerte. »Es wäre eine Schande, das Buch weiter zerreißen zu lassen! Ich kann mein Brot ja ohne Käse essen«, entschied er dann. »Ihr mögt ein tüchtiger Kaufmann sein, aber von Poesie versteht Ihr so viel wie das alte Fass da drüben in der Ecke.«

Nun hatte der Kobold zufällig gelauscht und wurde ganz ärgerlich. Er mochte den Krämer, der ihm zu Weihnachten immer Kompott mit Rahm gab, und der Student schien ihm nichts als ein Faulpelz zu sein, der den ganzen Tag nur in der Stube hockte und las.

Später, als der Kaufmann seinen Laden geschlossen hatte, kam der Kobold aus dem Keller herauf und sprach zu dem alten Fass: »Ist es wahr, dass du keine Ahnung hast von Poesie?«

»O nein«, verwahrte sich das Fass gegen diesen Vorwurf. »Der Kaufmann stopft oft alte Zeitungen in mich hinein, die lese ich alle. Da sind oft schöne Gedichte drin.«

Der Kobold fragte alle Dinge im Laden, ob sie etwas von Poesie verstünden: die Waage, den Fleischwolf, die Kaffeemühle und das Butterfass, und ein jedes von ihnen wusste etwas davon.

»Jetzt werde ich dem Studenten aber erzählen, wie viel der Krämer von Poesie versteht!«, sagte der Kobold und schlich auf Zehenspitzen zum Dachboden hinauf. Dort sah er ein helles Licht unter der Tür der Studentenkammer hervorleuchten. Er spähte durch das Schlüsselloch. Da saß der Student über das alte Buch gebeugt, das er von dem Krämer erstanden hatte.

Doch etwas Erstaunliches geschah dabei: Aus dem Buch schien ein Lichtstrahl, der zu einem riesigen Baum wurde. Der Baum war von Blüten übersät, und jede Blüte hatte das Gesicht eines lieblichen Mädchens. Zugleich trug der Baum Früchte, die wie Sterne glänzten! Auch war der Raum von der wunderbarsten Musik erfüllt, die ebenfalls von dem Baum auszugehen schien. Der Kobold kam aus dem Staunen nicht heraus. Noch nie hatte er so etwas Schönes erlebt. Ja, es war so schön, dass ihm fast die Tränen kamen. Er blieb vor der Tür des Studenten, bis das Licht erlosch und der Student schlafen ging. Selbst dann noch konnte der Kobold Musik hören, sanft wie ein Wiegenlied. »Das ist wundersam!«, sagte er sich. »Ich glaube, ich bleibe bei dem Studenten.«

Dann besann er sich aber und seufzte – ihm waren die Weihnachtsga-
ben des Krämers eingefallen: »Der Student hat ja weder Rahm noch
Kompott.« Also kroch der Kobold wieder in seinen Kellerwinkel. Doch
schlich er seither jeden Abend die Treppen hinauf und stellte sich vor
die Tür des Studenten, wo er der Musik lauschte und durchs Schlüssel-
loch den Wunderbaum betrachtete.
Eines Nachts dann pochte man laut an die Ladentür und schrie: »Feuer!
Feuer!« Jeder wachte auf, lief umher und suchte zusammen, was als
Kostbarkeit zu retten sei. Der Krämer rannte nach seinem Geld, seine
Frau nach ihren Juwelen; der Kobold aber flitzte die Treppen hinauf,

und hinein ins Kämmerchen des Studenten. Der selbst betrachtete durchs Fenster die brennenden Häuser jenseits der Straße. Doch der Kobold zweifelte keinen Moment, welches der wertvollste Schatz im Hause war: das Buch!

Da lag es auf dem Tisch. Der Kobold packte es und barg es unter seiner roten Mütze. Dann sprang er den Schornstein hoch, setzte sich aufs Dach und beobachtete nun auch, wie die Häuser der anderen Straßenseite in Flammen standen.

Die Leute eilten schreiend mit Wassereimern hin und her, und nach kurzer Zeit waren alle Brände gelöscht und das Kaufmannshaus sogar ganz unversehrt geblieben. Leise kroch der Kobold hinunter in die Studierstube und legte das Buch auf den Tisch zurück. Dann ging er wieder in seinen Keller und sann über das Geschehene nach.

»Eine Hälfte des Jahres werde ich mit dem Studenten verbringen, die andere Hälfte beim Kaufmann«, beschloss er zuletzt – denn, seht ihr, so sehr er auch den Zauberbaum und die wunderbare Musik liebte, er konnte sich doch nicht überwinden, Rahm und Kompott ganz aufzugeben.

55

Ein-Mann-unter-Männern

Von den Haussa, aus Westafrika

Es war einmal ein Mann, der war sehr von sich eingenommen. Er hielt sich für so großartig, dass er zu sagen pflegte, er sei »Ein-Mann-unter-Männern«, was hieß, er sei tapfer und jedermann überlegen. Immer wieder mahnte ihn seine Frau, er solle aufpassen: »Das sage ich dir, eines Tages wirst du einem wahren Mann-unter-Männern begegnen, und wenn das geschieht, dann sieh dich nur vor!«

Ja, und dann ging die Frau des prahlerischen Mannes eines Tages zum Brunnen, um Wasser zu holen. Doch der Eimer war zu schwer; sie konnte ihn nicht hochziehen. Also kehrte sie um. Unterwegs begegnete sie einer anderen Frau, die ihr Söhnchen auf dem Rücken trug.

»Warum kommst du mit einem leeren Krug?«, fragte die Frau.

»Der Eimer ist mir zu schwer. Ich konnte ihn nicht aus dem Brunnen ziehen«, antwortete die Frau des Angebers.

»O, da komm nur mit uns. Wir werden für dich Wasser schöpfen«, sagte die Frau.

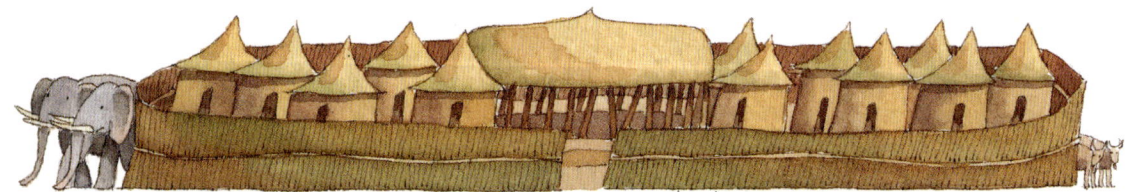

So gingen sie wieder zum Brunnen, und der kleine Junge zog mit solcher Leichtigkeit den Eimer hinauf, als wäre der leer.

»Du hast aber einen starken Sohn!«, staunte die Frau des Mannes, der sich gern Ein-Mann-unter-Männern nannte.

»O, das ist gar nichts im Vergleich zu seinem Vater«, sagte die Mutter des Jungen.

Sie liefen zum Dorf zurück; auf halbem Wege bogen die Frau und ihr Sohn ab in den Busch.

»Wohin geht ihr?«, fragte die Frau des stolzen Mannes.

»Nach Hause, warum?«, sagte die andere.

»In wessen Haus lebst du?«

»Natürlich im Hause von Ein-Mann-unter-Männern«, erwiderte die Mutter des Knaben.

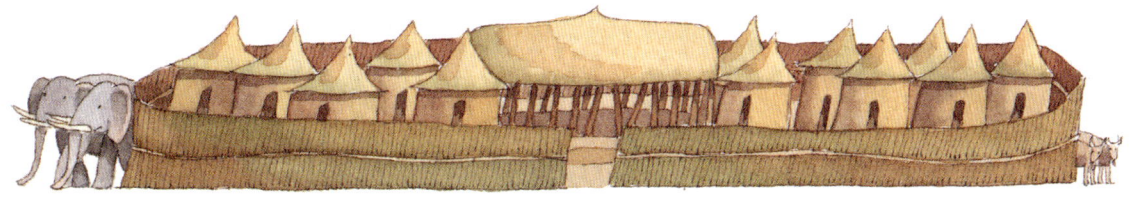

Als die Frau des stolzen Mannes heimkam, erzählte sie ihm, sie habe eine Frau getroffen, deren Mann wirklich Ein-Mann-unter-Männern heiße.

»Ha!«, rief der Prahler. »Den muss ich sehen! Ich wette, der ist bloß eine halbe Portion im Vergleich zu mir.«

Am nächsten Morgen war er als Erster auf den Beinen. Er suchte seine Speere zusammen, nahm seine Axt und bestand darauf, dass seine Frau ihn mitnehme zu Ein-Mann-unter-Männern. So machten sie sich auf den Weg und kamen bald zu dem Brunnen. Dort waren auch die Frau und ihr Sohn, wie am Tag zuvor.

Die Frau des Prahlers ließ den Eimer hinab und versuchte ihn gefüllt wieder heraufzuziehen. Als sie es nicht schaffte, stolzierte der Angeber vor und zog am Seil. Doch auch er richtete nichts aus, denn in Wirklichkeit war er ein Schwächling: nur einen knappen Meter zog er den schweren Eimer im Brunnenschacht hoch, da glitt der auch schon wieder zurück und riss den Mann fast mit sich.

Der kleine Junge packte seinen Fuß und bewahrte ihn so vor dem Sturz

in die Tiefe. Doch anstatt dankbar zu sein, verlangte der Prahler, man solle ihn zum Hause von Ein-Mann-unter-Männern führen.

»Gut«, sagte die Mutter des Jungen. »Aber behaupte nicht, ich hätte dich nicht gewarnt.«

Da brachen sie auf, und als sie an die Abzweigung kamen, weigerte sich die Frau des Prahlers, weiter mitzugehen. Also gingen der dumme Mann und die Frau mit dem kleinen Jungen bis zum Haus, in dem Ein-Mann-unter-Männern lebte. Der war aber nicht daheim. Deshalb zeigte die Frau dem Prahler in ihrem Fleischlager ein Versteck, wo er die Rückkehr ihres Mannes erwarten könne.

Ein-Mann-unter-Männern kam auch bald. Er war so groß, dass sein Schatten wenigstens eine Meile maß. Auch konnte er zehn Elefanten auf einmal essen, und seine Stimme toste wie ein Tornado. Als der Prahler ihn sah, zitterte er und blieb, wo er war.

»Ich rieche Menschenfleisch«, sagte Ein-Mann-unter-Männern.

»Niemand ist da außer mir«, sprach seine Frau.

Die ganze Nacht hielt sich der Prahler versteckt, und am nächsten Morgen, als der Riese seinen Frühstückselefanten jagen ging, kroch er hervor und eilte dem Dorf zu.

Er war aber noch nicht weit gekommen, da traf er den Mann-unter-Männern auf dem Heimweg.

»Ich rieche Menschenfleisch!«, brüllte der und verfolgte den feigen Prahler, der davonrannte, so schnell ihn seine Beine nur trugen.

Bald kam er zu Leuten, die ein Stück Land rodeten; und einer von ihnen fragte: »Warum läufst du so schnell?«

»Jemand verfolgt mich«, erwiderte der Angeber.

»Warte hier auf ihn«, sagten sie. »Vielleicht können wir dir helfen.«

Da blieb der Feigling bei ihnen und im nächsten Augenblick fuhr jedem ein Windstoß ins Gesicht.

»Was ist das?«, fragten sie.

»Der Wind, den mein Verfolger beim Rennen macht«, erklärte der Prahler.

»Lauf weiter«, sagten die Leute, und suchten sich eilends ein Versteck. So rannte der Aufschneider wieder los und lief, bis er zu Leuten kam, die den Erdboden hackten.

»Warum rennst du?«, fragten sie.

»Jemand verfolgt mich!«, antwortete der Prahler.

»Warte, bis er kommt«, sagten sie, »vielleicht können wir dir ja helfen.«
Bald wehte auch ihnen der Wind um die Nase, und als sie hörten, wer
den verursache, riefen sie: »Lauf weiter«, und rannten, sich selbst zu
verstecken. Der Prahler lief so schnell er konnte weiter, diesmal bis zu
einem Baum, unter dem ein riesiger Mann saß. Der briet sich einen
Elefanten über dem Feuer und hatte noch weitere fünf tot neben sich
aufgehäuft.

»Warum rennst du so?«, fragte der gigantische Kerl namens Riese-vom-
Wald.

»Ein-Mann-unter-Männern ist hinter mir her«, schrie der Prahlhans.

»Nie von ihm gehört«, sagte der Riese-vom-Wald. »Setz dich her und
wart' ein Weilchen.«

Bald nahte Ein-Mann-unter-Männern und der Angeber fuhr auf, als
wolle er fliehen.

»Warte!«, grollte der Riese-vom-Wald.

»Ich lauf' nicht fort!«, schrie der Feigling. »Das ist der Laufwind von Ein-
Mann-unter-Männern, der pustet mich weg!«

Da wurde der Riese-vom-Wald ärgerlich und packte den Aufschneider.
Aber just in dem Augenblick tauchte Ein-Mann-unter-Männern auf.

»He!«, brüllte der. »Der Wicht gehört mir! Her damit!«

»Hol' ihn dir doch!«, sagte der Riese-vom-Wald.

Und schon begann ein Ringkampf zwischen den beiden, mit Lärm wie
ein Donnergetöse. Dabei sprangen sie hoch in den Himmel und
kämpften dort weiter. Sie waren vollkommen ebenbürtig: Keiner konnte den andern überwinden. Ja, und so rangen sie bis auf den heutigen
Tag dort oben. Wenn die Bewohner des Landes es im Himmel donnern
hören, wissen sie immer, es sind die zwei kämpfenden Riesen.

Der Prahlhans aber, der rannte nach Hause, und ihr könnt sicher sein:
nie wieder nannte der sich »Ein-Mann-unter-Männern«.

Klein-Oonyani

Von den Evenki, aus Sibirien

Im hohen Norden lebte einmal ein Dämon mit Namen Korendo. Wenn der Hunger hatte, legte er einfach ein Paar riesige Flügel an und flog zur Erde nieder, um sich ein paar Menschen zu fangen, denn die schmeckten ihm am allerbesten.

Eines Tages besuchte Korendo ein Dorf der Evenki. Ohne Vorwarnung stieß er hinab, schnappte sich, wen er nur sah, und verschluckte alle so schnell, dass bald keiner mehr am Leben war – außer einer alten Frau, die sich unter einem großen Eisenkessel versteckt hatte.

Endlich flog Korendo wieder fort. Die alte Frau kam heraus und schaute sich um. Erst meinte sie, sie sei die einzige Überlebende, und fing schon an zu weinen. Doch da hörte sie ein leises Wimmern.

Eilig machte sie sich auf die Suche und fand im Winkel eines der Zelte ein Knäblein. Sie trug das Kind nach draußen, versorgte es zärtlich und machte ihm eine Wiege. Oonyani nannte sie ihn, das heißt der Einsame. Das Kind wuchs schneller heran als andere, und bald schon war es ein

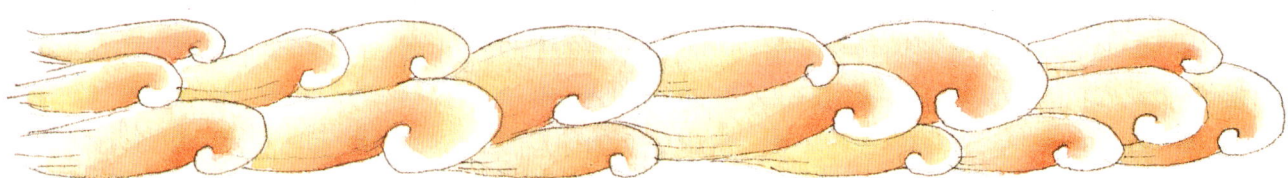

junger Mann. Eines Tages fragte er die alte Frau: »Großmutter, sind wir die einzigen Menschen auf der Welt?«

»Das sind wir tatsächlich«, erwiderte die Alte, und traurig fügte sie hinzu: »Wir waren einmal viel mehr.«

»Was geschah mit all den Menschen?«, fragte Oonyani.

»Der Dämon Korendo fraß sie alle auf.«

Da wurde Oonyani zornig. »Wo lebt dieses Ungeheuer?«, verlangte er zu wissen. »Ich will ihn töten gehen.«

»Wenn ich es wüsste, würde ich es dir sagen«, antwortete die Alte. »Aber er lebt irgendwo weit weg.«

Oonyani war so fest entschlossen, den Dämon aufzuspüren, dass er auf der Stelle in die wilden Weiten der Tundra zog und bald darauf mit einem Reh zurückkam, das er gefangen hatte.

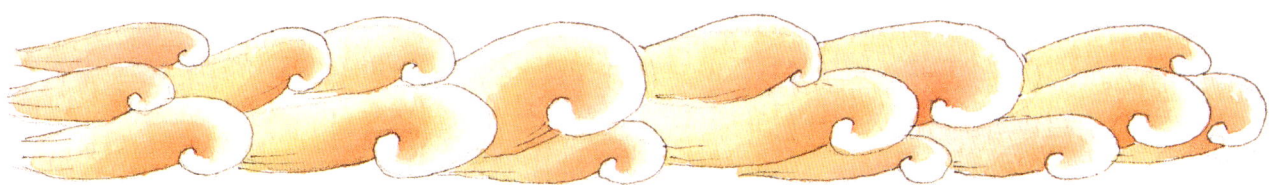

»Ist das Korendo?«, fragte er.

»Nein«, antwortete die alte Frau. »Das ist ein sanftes Reh. Es hat dir nichts zuleide getan. Lass es sofort laufen.«

Oonyani ließ das Reh frei und ging dann wieder jagen. Diesmal brachte er einen Vielfraß mit.

»Ist dies Korendo?«

»Nein, das ist ein unschuldiges Tier«, antwortete die Alte. »Lass es sofort frei!«

Oonyani tat, wie ihm geheißen, aber am nächsten Tag brachte er ein Rentier und einen Wolf. Wieder fragte er: »Ist dies Korendo?« Aber wieder schalt ihn die alte Frau und zwang ihn, die Tiere freizulassen.

Am folgenden Tag brachte Oonyani einen Bären heim, und als auch das nicht Korendo war, wurde er traurig. »Wo soll ich diesen Dämon denn noch suchen?«

»Ich weiß nur, dass er aus dem Himmel geflogen kam. Er muss wohl irgendwo oben in den Wolken leben«, berichtete die alte Frau.

Oonyani setzte sich und dachte eine Weile nach. Dann erbat er sich einen zerbrochenen Eisentopf, nahm einen Hammer und fing an, den Topf zu bearbeiten. Er hämmerte solange, bis er sich ein prachtvolles Paar Flügel gemacht hatte.

»Jetzt fliege ich in die Wolken hinauf und werde das Monster finden!« Die Alte schüttelte den Kopf. »Korendos Flügel waren viel größer.«

Oonyani machte ein langes Gesicht, hämmerte aber sofort weiter, um seine Flügel zu vergrößern. Als er fertig war, legte er sie an und flog in den Himmel hinauf. »Flog Korendo so hoch?«, fragte er.

»Er flog noch viel höher, denn er war sehr groß und stark«, sagte die Alte.

Wieder machte sich Oonyani daran, die Flügel zu vergrößern. Tag und Nacht saß er am Feuer und hämmerte in einem fort, bis die Flügel größer waren als er selbst. Dann zog er sie an und flog hoch hinauf in den Himmel.

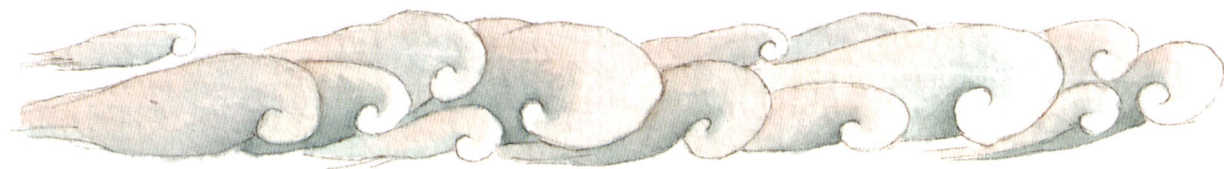

»Fliege ich jetzt so hoch wie Korendo?«, fragte er.

»Höher«, sagte die alte Frau.

»Gut«, sagte Oonyani und sauste davon. Kaum durchstieß er die Wolken, da sah er in der Ferne ein großes Zelt. Er flog darauf zu und rief unablässig:

Komm raus, komm raus, Korendo,
ich kam, um mich zu rächen!

Doch niemand als Korendos Frau ließ sich blicken, und die sagte, ihr Mann sei nicht zu Hause. »Du bist überhaupt sehr dumm, hierher zu kommen«, erklärte sie ihm. »Korendo ist viel zu stark für dich, du wirst ihn niemals besiegen.«

Doch Oonyani schwang bloß seine Flügel vor ihr und flog weiter. Bald sah er ein zweites Zelt inmitten der Wolken, und hielt darauf zu. Als er es erreichte, rief er wieder:

Komm raus, komm raus, Korendo,
ich kam, um mich zu rächen!

Nun war das zwar wirklich Korendos Haus, doch er war nicht daheim. Heraus trat Korendos zweite Frau und musterte Oonyani. »Du vergeudest deine Zeit«, sagte sie, »Korendo ist nicht hier, und außerdem ist er viel zu stark für dich.«

»Sag mir, wo er ist«, verlangte Oonyani.

»Willst du ihn wirklich finden, dann wende dich gen Norden«, sagte

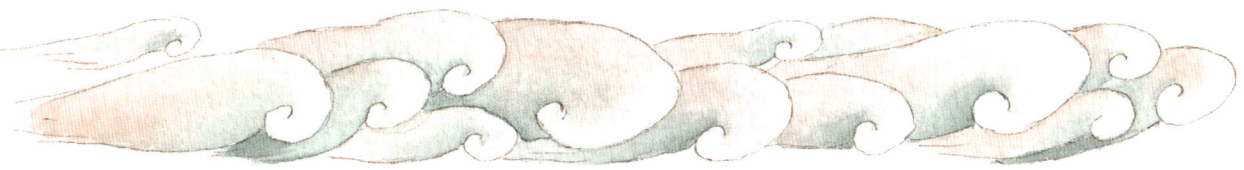

Korendos zweite Frau. »Doch sag' nicht, ich hätte dich nicht gewarnt.«
Oonyani flog nordwärts, bis er ein weiteres Zelt fand; da traf er Korendos dritte Frau, doch wieder war das Ungeheuer nicht zu Hause. So flog Oonyani zu einem vierten Zelt, und noch zu einem fünften und sechsten.

Bei jedem rief er seine Herausforderung und bekam jedes Mal die gleiche Antwort: Korendo sei nicht daheim und außerdem viel zu gewaltig, als dass irgendjemand ihn besiegen könne, geschweige denn ein grüner Junge.

Doch Oonyani war festentschlossen. Er flog weiter, bis er ein siebtes Zelt fand; über dem schwebte er und sang:

> *Komm her, komm her, Korendo,*
> *ich kam, um mich zu rächen!*

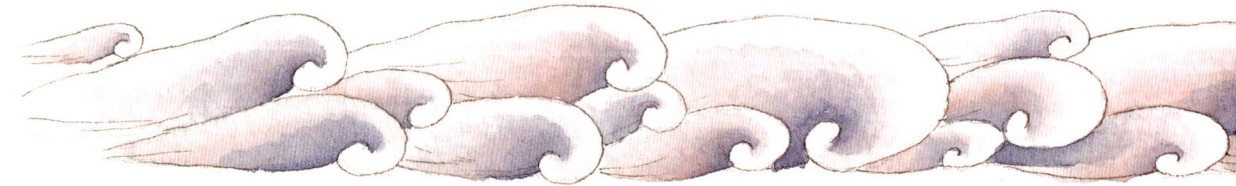

Korendos siebte Frau trat heraus und bat ihn, das Ungeheuer nicht zu wecken, »denn sonst tötet er dich ganz gewiss«. Doch Oonyani flog nur noch näher ans Zelt und rief aus:

> Korendo, Korendo, Korendo,
> komm raus jetzt und kämpfe mit mir!

Davon erwachte Korendo. Mit lauter Stimme rief er zurück: »Warte nur, bis ich gefrühstückt habe!«
»Wozu das?«, rief da Oonyani. »Du lebst ja doch nicht mehr lange!«
»Warte nur«, brüllte Korendo. »Sobald ich meine Stiefel anziehe, werde ich kommen und dich fressen.«
»Kümm're dich nicht um Stiefel«, rief Oonyani. »Als Toter brauchst du sie nicht mehr!«

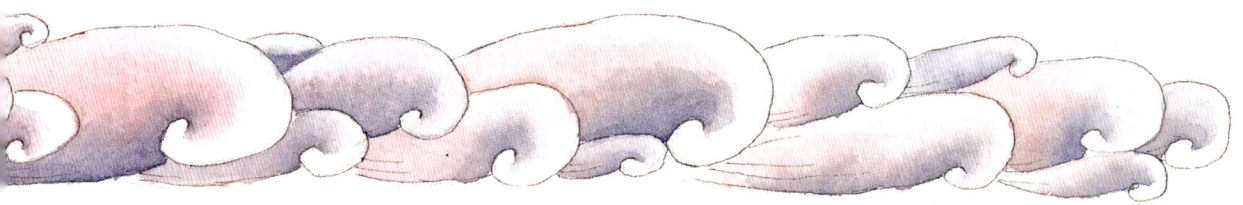

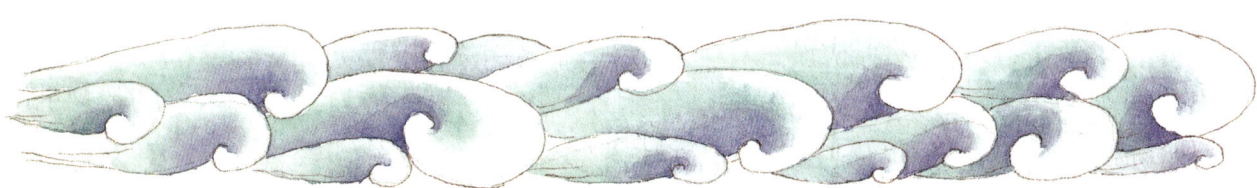

»Warte nur, bis ich meine Flügel angezogen habe«, brüllte Korendo, »dann ist's um dich geschehen!«

»So beeil' dich doch!«, rief Oonyani. »Es scheint, du hast Angst vor mir.«

Darauf kam Korendo mit Wutgeheul aus seinem Zelt geschossen, geradenwegs auf Oonyani zu. Der Junge aber stieg einfach etwas höher, sodass er gerade außer Reichweite blieb. Hoch hinauf, und höher, immer noch höher flogen sie empor. Schon war Korendo außer Atem und begann zu ermüden. »Komm hierher«, brüllte Korendo, »dass ich dich kriege!«

Doch Oonyani stieg noch höher. Dann, als Korendo stöhnte und nach Luft schnappte, ließ er sich hinunter und landete auf Korendos Rücken. Mit einem einzigen Ruck brach Oonyani Korendo einen Flügel ab.

Ein Schrei, und der Dämon stürzte aus dem Himmel. Tief und tiefer, immer noch tiefer fiel er, prallte auf den Grund auf und zerschellte. Da kamen aus seinem Innern, gesund und munter, alle Menschen hervor, die er gefressen hatte. Nicht einer fehlte aus Oonyanis Dorf, und als sie den Jungen erblickten, waren sie überglücklich. Er führte sie zurück dorthin, wo die alte Frau wartete. Und sie waren so dankbar, dass sie Oonyani zu ihrem Anführer machten.

Korendos sieben Frauen kamen, sammelten alle Stücke von ihm auf und verbrannten sie. Es heißt, der Rauch vom Begräbnisfeuer des Dämons sei siebenhundert Meilen weit zu sehen gewesen. Oonyani aber bestand noch viele Abenteuer und erreichte ein hohes Alter.

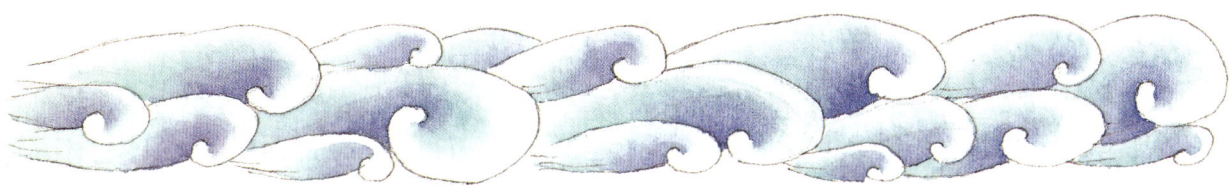

Das unerschrockene Mädchen

Aus Schottland

Es war einmal ein Mädchen, das ließ sich durch nichts erschrecken. Seine Mutter war tot, sein Vater auf und davon, kein Mensch wusste, wohin, und so lebte das Mädchen ganz allein in einem Haus tief im Wald, nur mit einer Katze und einem Hund. Die Leute sagten immer wieder, sie solle zu ihnen ins Dorf ziehen; doch dann zuckte sie bloß mit den Achseln und meinte: »Ich habe meine Katze und meinen Hund zur Gesellschaft.«

»Aber was ist mit den wilden Tieren im Wald?«, fragten die Leute.

»Vor denen habe ich keine Angst«, antwortete das Mädchen.

»Und was ist mit dem kleinen Volk?«, sagten die Leute, spähten scheu nach rechts und links, vorne, hinten, oben und unten und senkten die Stimmen zu leisem Geflüster.

»Och, das sind bloß Ammenmärchen«, erwiderte das Mädchen lachend. Die Dorfbewohner sahen sich an und zogen die Schultern hoch. Wenn das Mädchen töricht genug war, nicht einmal an das kleine Volk zu glauben, so war das seine Sache.

Eines Tages dann ging einer der Dorfburschen sich das Mädchen heimlich anschauen und sah, dass es weit und breit das schönste Mädchen war.

Er wagte noch einen Blick und dachte: »Die würde ich gern heiraten.« Dann erzählte er ein paar Freunden davon, und innerhalb von ein, zwei Wochen stand eine lange Schlange von Burschen mit Blumensträußen vor ihrem Gartentor. Das Mädchen aber schickte sie alle fort. »Warum sollte ich heiraten wollen?«, sagte sie. »Ich habe hier alles, was ich brauche; mein Hund ist mir der beste Schutz. Und jetzt macht, dass ihr verschwindet!«

Einen Burschen jedoch gab es, der nicht mit all den andern zog; das war Hughie, der Hirtenjunge. Wenn die davon redeten, wie schön das Mädchen sei, sagte er bloß: »Jaja, hab's auch schon bemerkt«, und wandte sich wieder seinen Schafen zu. Die anderen Burschen hielten ihn für nicht ganz gescheit; selbst aber hatten sie bald genug davon,

74

mit dem Mädchen auf keinen grünen Zweig zu kommen, und nach
einiger Zeit ließ jeder sie in Frieden.

Eines Abends nun ging das Mädchen hinaus zur Mehltonne. Sie
brauchte Mehl für Haferkuchen zum Abendbrot.

»Ach«, sagte sie, »wenn ich diese Schale gefüllt habe, ist nichts mehr
übrig für den Haferbrei am Morgen.« Da dachte sie sich: »Es ist ein
schöner Abend! Ich will einen Sack Getreide zur Mühle tragen und ihn
mir mahlen lassen.« Sie machte sich auf den Weg, doch als sie die Mühle erreichte, war es dunkel geworden und die Mühle schon verschlos-
sen. Im Hause des Müllers brannte aber noch Licht; also klopfte sie
dort.

Der Müller streckte seinen Kopf zur Tür hinaus und starrte sie an.

»Es tut mir leid, dich so spät zu stören; aber ich habe einen Sack Getreide zu mahlen. Bist du so gut und machst das für mich?«

»Nein!«, schlug's ihr der Müller barsch ab. »Komm morgen früh wieder.«

»Ich brauche aber Mehl für den Haferbrei zum Frühstück«, sagte das Mädchen.

»Da musst du eben warten«, entgegnete der Müller ungerührt und wollte die Tür wieder schließen.

»Willst du mir denn nicht wenigstens den Schlüssel zur Mühle geben und mich selbst mahlen lassen?«, fragte das Mädchen.

»Nein, das tue ich nicht!«, brüllte der Müller, und sein Kopf wurde puterrot.

»Und warum nicht?«, beharrte das Mädchen.

»Wenn du's unbedingt wissen musst: Unter der Mühle haust ein schrecklicher Kobold. Jedem, der nachts mahlen will, stiehlt er das Mehl, und obendrein verdrischt er ihn noch.«

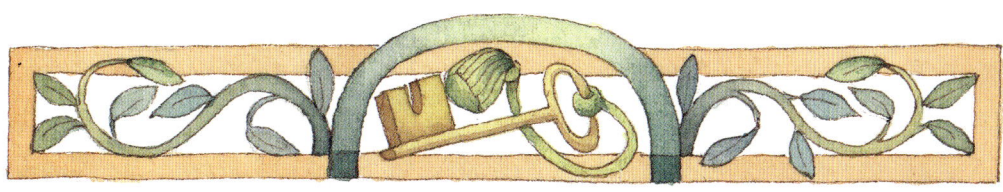

»Ich habe keine Angst vor irgendwelchen dummen Kobolden«, sagte das Mädchen und wurde langsam selbst ärgerlich. »Gib mir den Schlüssel!«

Als er einsah, dass sie sich nicht abschrecken ließ, rief der Müller Frau und Kinder als Zeugen herbei, dass ihn kein Vorwurf treffe, wenn etwas geschähe. Dann gab er dem Mädchen den Schlüssel, ging ins Haus, verriegelte die Tür und verrammelte alle Fensterläden.

Das Mädchen lief schnurstracks in die Mühle, schüttete sein Getreide in den Kornkastentrichter und setzte das große Mühlrad in Bewegung. Da – hast-du-nicht-gesehen! – kam ein garstiger Kobold mit hässlichem Gesicht und riesigen Glotzaugen aus dem Boden geplatzt und versuchte, dem Mädchen den Getreidesack wegzunehmen. In der einen Hand hielt er einen dicken, knotigen Knüppel. Das Mädchen aber hatte kein bisschen Angst, als es ihn sah, sondern schnappte ihm einfach den Stock aus der Hand und ging damit auf ihn los.

Solch eine Behandlung war der Kobold nicht gewöhnt. Bisher brauchte er nur aufzutauchen, und schon floh jeder kreischend aus der Mühle. Das Mädchen aber war aus einem anderem Holz geschnitzt. Es gab ihm ein paar hinter die Ohren und vor die Schienbeine und scheuchte ihn von einer Ecke in die andere, bis er nicht mehr wusste, wo ihm der Kopf stand.

Dann, als er am Getreidetrichter vorbeikam, versetzte ihm das Mädchen einen mächtigen Stoß, und er fiel direkt in die Schütte. Das Mädchen setzte das Mühlrad wieder in Gang, der Kobold geriet zwischen die Mühlsteine und wurde mit dem Getreide gemahlen.

Natürlich brachte ihn das nicht um, denn einen Kobold kann fast nichts töten, doch machte er ein Gezeter und Geschrei, als würde ein ganzes Dutzend Leute ermordet. Der Müller und seine Familie zogen sich die Decken über die Ohren und schlotterten vor Angst. Das Mädchen aber setzte sich in aller Ruhe und hörte sich sein Klagegeschrei an, es solle ihn doch rauslassen.

»Du bleibst noch ein bisschen da drinnen«, sagte es, »das wird dich eines Besseres belehren.«

»Ach!«, jammerte der Kobold. »Bitte, lass mich raus. Ich verspreche dir auch, fortzuziehen und nie wieder jemand ein Leid anzutun!«

»Tust du das wirklich? Sofort?«, vergewisserte sich das Mädchen.

»Ja, das verspreche ich«, sprach der Kobold.

Da ließ das Mädchen den Kobold frei, und der rannte so schnell er nur konnte davon und wurde im ganzen Land nie wieder gesehen.

Das Mädchen aber ging zum Müller und klopfte an die Tür. Es dauerte eine ganze Weile, bis der den Mut fand zu öffnen. Das Mädchen gab ihm den Mühlenschlüssel zurück.

»Da!«, sagte es. »Ich habe mein Getreide gemahlen, ich habe deinen Kobold verjagt, und jetzt gehe ich nach Hause.«

Am nächsten Tag wusste schon das ganze Dorf von der Geschichte. Als Hughie, der Hirtenjunge, sie hörte, wurde er sehr still, denn tief im Herzen liebte er das Mädchen schon lange und hoffte insgeheim, sie wünschte sich vielleicht doch eines Tages einen Mann zum Beschützer. Nach diesem Abenteuer aber schien es ihm, als habe er sich geirrt.

Auf dem Heimweg kam er zufällig in die Nähe des Waldhauses, in dem das Mädchen lebte. Was er da plötzlich hörte, ließ ihm die Haare zu Berge stehen – es war die Stimme des Mädchens, das kreischte und schrie wie am Spieß. »Eine ganze Räuberbande muss über sie hergefallen sein«, dachte Hughie und rannte hinzu.

Dort fand er die Tür sperrangelweit offen und drinnen das Mädchen auf dem Tisch, immer noch schreiend, als wolle es Tote aufwecken. Zu ihren Füßen aber saß — eine winzigkleine graue Maus.

»Ich dachte, du seist das Mädchen, das sich durch nichts schrecken lässt«, sagte Hughie.

»Ach Hughie, schaff' mir das kleine Biest fort. Die Katze ist auf den Feldern, der Hund auf Jagd, und niemand außer dir kann mich retten!«

»Mir scheint, du könntest hier einen Mann brauchen«, sagte Hughie.

»Vielleicht hast du tatsächlich recht damit«, überlegte das Mädchen.
Da holte Hughie den Besen hinter der Tür hervor und jagte die Maus
hinaus. Dann half er dem Mädchen vom Tisch, umarmte es liebevoll
und küsste es.

»Am Sonntag heiraten wir«, sagte er. Und das Mädchen antwortete so
ruhig wie nur was: »Ja, das tun wir!«

Und sie wurden wirklich getraut, waren glücklich und zufrieden ihr Leben lang, und das Mädchen fürchtete sich vor rein gar nichts – außer
vielleicht vor Mäusen, doch um die kümmerte sich ja nun Hughie.

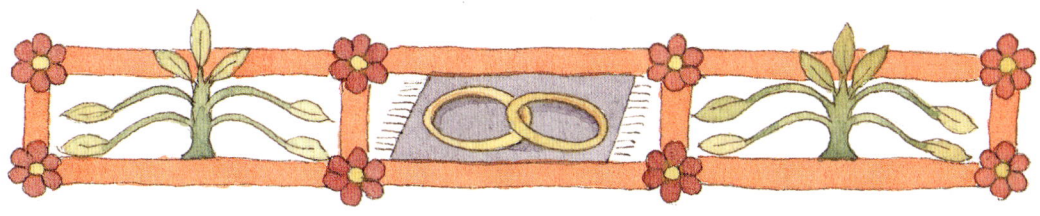

Quellen

Der Riese, der sein Herz nicht bei sich trug

Das ist eines der bekanntesten norwegischen Märchen, die Peter Christian Asbjørnsen im 19. Jahrhundert sammelte. Auch in anderen skandinavischen Ländern wird es erzählt; ja es gibt sogar eine Fassung aus Schottland. Ich fand es in einer wunderbaren Sammlung namens *Scandinavian Folk and Fairy Tales,* herausgegeben von Clair Boss (Avenal Books, London, 1984).

Der Geist mit den zwei Gesichtern

Diese Erzählung stammt von den Cheyenne in Nordamerika. Sie wurde erstmals aufgezeichnet durch Alfred L. Kroeber, den großen Geschichtensammler, und in *The Journal of American Folk-Lore* im Jahre 1900 veröffentlicht. Hunt-the-Plum-Pit, »Such den Pflaumenkern« muss eines der ältesten Spiele der Welt sein und taucht wieder auf in nahezu jeder Kultur in Spielen wie Find-the-Lady und Spot-the-Shell.

Bunyip

Dies ist eine äußerst beliebte Geschichte aus Australien, die ich vor Jahren in einer der großen Märchensammlungen von Andrew Lang fand. Sie hat einen kauzigen Sinn für Humor, den ich liebe – besonders die Art, wie die Männer alle versuchen, sich vor der Arbeit zu drücken, die ihre Frauen ihnen aufgetragen hatten!

Oona und der Riese

Überall in Irland erzählt man sich diese bekannte Geschichte. Sowohl Fionn mac Cool als auch Cuchulainn waren berühmte Helden, ehe sie, in dem Maße, wie sich die Geschichten über sie ausdehnten, zu Riesen anschwollen. Unsere Variante ist aus einer Sammlung von Campbell of Islay aus dem Jahre 1827 nacherzählt.

Die Trinkgefährten

Diese wundervolle kleine Geistergeschichte stammt aus China, wo noch heute der Glaube lebt, ein Verstorbener werde in einem neuen Körper wieder geboren, ganz gemäß dem, wie gut oder schlecht er in seinem vorigen Leben war. Sie steht in einer Sammlung von Mos Roberts (Pantheon Books, New York,1979) mit Namen *Chinese Fairy Tales and Fantasies*. Meine eigene Version ist eine freie Bearbeitung davon.

Kobold, Kaufmann und Student

Die Grundlage für diese Erzählung entsprang der Feder Hans Christian Andersens. Ich erinnere mich, sie vor Jahren gelesen zu haben in Andrew Lang's *Pink Fairy Book* (Longmans, London, 1897); auf diese Übersetzung habe ich meine Fassung gestützt.

Ein-Mann-unter-Männern

Diese Geschichte erzählen die Haussa in Westafrika. Viele ihrer Geschichten wurden von einem Mann namens Frank Edga gesammelt und in der Originalsprache aufgeschrieben. Neil Skinner übersetzte sie für das Buch *Hausa Tales and Traditions* (Africana Publishing Co., New York, 1973). Meine eigene Version ist frei nach dieser Übersetzung gestaltet.

Klein-Oonyani

Diese Geschichte ist von den Evenki, einem Eskimo-Stamm aus Sibirien. Ich fand sie in einem alten Buch mit *Storys of the Far North;* sie wurde auch von James Riordan nacherzählt in seinem wunderbaren Buch *The Sun Maiden and the Crescent Moon* (Canongate, Edinburgh, 1989).

Das unerschrockene Mädchen

Dies wundervolle Märchen ist eine alte Geschichte, die die wandernden seanachies (Geschichtenerzähler) aus der Durris-Region Schottlands überlieferten. Ich fand sie in einer Sammlung namens *Thistle & Thyme* von Sorche Nic Leodhas (Bodley Head, London, 1965). Ich habe sie – wie alle Geschichtenerzähler es tun – ganz frei verwendet und meine eigene Variante daraus gemacht.